Livsrådsboken

Vi har skapat denna bok för att vara din ultimata guide i vardagen – en allt-i-allo-bok fylld med praktiska råd, inspiration och smarta tips för livets alla situationer. Vi saknade en bok som samlar allt på ett och samma ställe, från vardagliga hacks och inredningstips till presentidéer, filmrekommendationer och mycket mer.

Den är skriven för att vara relevant för alla, oavsett ålder eller livssituation, men vänder sig kanske lite mer för unga som vill ha en lättillgänglig och inspirerande guide vid sin sida. Oavsett om du behöver hjälp med att planera en mysig hemmakväll, hitta den perfekta presenten eller fräscha upp ditt rum, så finns här något för dig.

Tänk på den som din personliga handbok för vardagens stora och små val – en bok att bläddra i när du behöver idéer, lösningar eller bara lite inspiration!

Förlag: BoD · Books on Demand, Östermalmstorg 1, 114 42 Stockholm, bod@bod.se
Tryck: Libri Plureos GmbH, Friedensallee 273, 22763 Hamburg, Tyskland
ISBN: 978-91-8080-856-9

Present tips

Vårt första tips kommer att handla om presenter. Vi kommer att ta upp presenttips för alla olika åldrar, som du kan använda dig av till bland annat jul, födelsedag, morsdag/farsdag och annat.

Den första kategorin av presenter är till alla mammor. Vårt första tips som du kan köpa är pyjamas som oftast är väldigt uppskattat hos alla mammor, parfymer samt body mists är också alltid något som går hem ett tips är the body shop som har väldigt goda body mists.

Många mammor gillar även att spendera mycket pengar på hudvård. Då kan vi rekommendera märken så som Maria Åkerberg, ACO och Nivea. Du kan också ge din mamma bra inredningsdekorationer här är det väldigt individuellt vad var och en gillar, några exempel är ljus, vaser och prydnadskuddar. Ett exempel som vi verkligen skulle rekommendera är någon mysig stickad tröja till hösten/vintern. Vårt sista tips att köpa till mammor är smycken så som halsband, klocka, armband och fotlänk samt örhängen om det är relevant.

Vår nästa kategori är till alla pappor och vårt första tips är parfymer som i nästan alla fall uppskattas. Till pappor så kan det vara lite svårare att hitta hudvård då inte alla män använder hudvård på samma sätt som kvinnor. Ett ställe där det finns hudvård för män är på apoteket och Åhléns. Där kan du hitta hudvård för män så som ACO, Nivea och Biotherm. Vårt nästa tips att köpa är träningskläder, dock så kan detta bli lite svårt om man är osäker på storlekar. Då kan man kanske fråga sin mamma om man är osäker, eller så kan man kolla innan vilken storlek som man ska köpa. Tips där man kan köpa träningskläder är tex Stadium och Intersport. Man kan också köpa någon morgonrock eller tofflor då detta oftast kan vara lättare med tanke på storlek och passform.

När det kommer till presenttips för ens farmor/mormor så kan man exempelvis köpa en fotobok på personer i släkten eller närheten. Man kan också köpa någon kokbok eller dessertbok och detta finns på många affärer så som Lagerhaus. Ett annat tips är förkläde som går att hitta lite överallt men man kan också designa ett eget förklädde om man skulle vilja det. Porslin så som muggar och tallrikar funkar också alltid att köpa då det ofta uppskattas.

För de mellan år 10–14 år så kan man köpa lite billigare parfymer eller body mists. Även body lotions eller body wash samt inredningssaker till rummet är också bra presenter. Sällskapsspel eller om de spelar något tv-spel så kan man köpa detta. Om de går på någon sport och önskar sig någon fotbollströja så kan man köpa det.

Presenttips som man kan ge till sin pojkvän eller storebror är exempelvis parfymer. Man kan även här ge någon morgonrock precis som man kan ge till sin pappa också. Hudvård funkar också att ge om det är något som personen använder. Beroende på vad sin kille eller storebror har för intressen så kan man köpa presenter utifrån detta. Exempelvis golfintresse, fotbollsintresse eller hockeyintresse.

Presenter som alltid går hem hos många tjejer i ungdomen är parfymer, body lotions, inredningssaker till rummet, smink, hudvård eller någon mysig hoodie eller stickad tröja.

Studentpresenter: När någon ska ta studenten kan man köpa tex inredningssaker så som porslin (tallrik, bestick, glas), vaser, resväska, smycken tex klocka, halsband eller örhängen, köksmaskiner samt köksredskap eller olika former till bakelser eller pajer. Man kan också köpa presentkort på tex servera där man kan köpa mycket köksinredning osv, eller presentkort på fler ställen exempelvis IKEA eller Hemtex.

Man kan också köpa någon resa eller en spaupplevelse.

Hälsa, välmående och träningstips

När det kommer till hälsa och välmående så är vårt första tips att dricka mycket vatten då man blir både piggare och ser fräschare ut. Om man dricker mycket vatten på morgonen så kan man få mer energi. Har man svårt att få i sig vatten så finns det air up som vi kan rekommendera. Detta är vattenflaskor som man dricker genom en pod på toppen av flaskan. Detta gör så att det känns som om vattnet är smaksatt. Flaskorna finns i olika färger och funktioner och det finns även för barn. Det finns en hel del olika smaker att köpa så som persika och Coca cola samt mycket mer.

Ett annat tips är att gå promenader dagligen då detta kan dämpa ångest. Många mobiler har även en app där man kan se antalet steg man gått varje dag. Detta är ett bra sätt att få motivation till att gå promenader, eftersom man exempelvis kan ha som mål att gå 5 000 steg varje dag. En annan stegräknarapp som man kan ladda hem är en app som ger belöningar för antalet steg du gått, appen heter Stepler och är gratis. Du får 3 poäng när du gått 5 000 steg, 5 poäng för 10 000 steg och 10 poäng för 20 000 steg. När du sedan har fått ihop tillräckligt många poäng kan du välja en belöning du vill hämta ut för så många poäng du har.

När vi ändå är inne lite på området som har med träning och hälsa att göra så kan vi passa på att ge lite träningstips. Det är bland annat lite tips för de som nyss har börjat med träning och framför allt löpträning.

Det kommer vara jobbigt i början därför är det viktigt att lyssna på kroppen och känna hur det känns. Du kommer kanske inte orka springa hela rundan i början. Därför kan det hjälpa att varva mellan att springa och gå dvs att du går när du känner dig för trött, sedan springer du igen när du har mer energi. Detta kommer göra att man orkar mer och det kommer därför kännas roligare att fortsätta med löpningen. Sätt upp som små mål med din löpning och öka lite för varje gång du springer detta kommer ge dig motivation.

Sömn är viktigt för att orka springa långt och för att man ska känna sig stark, det är även viktigt att ha ätit ordentligt dagen innan man ska ut och springa. Uppvärmning och stretching är också en sak som är viktig innan löpning. Värmer man upp och stretchar innan löpningen har man mindre risk att skada sig. Det kommer även göra att man orkar mer eftersom kroppen är uppvärmd. En sak som kan göra löpningen lite roligare är att ta med en kompis att springa med. Då kan ni båda peppa varandra under tiden ni springer.

Springer man mycket är det bra att ha bra skor att springa i som ger bra dämpning och stöd för foten. Det finns tillexempel olika skor för olika underlag, beroende på om man springer mycket i terräng eller på asfalt.

När det kommer till styrketräning så har vi några tips. Om du exempelvis styrketränar på gym och är nybörjare så skulle vi först rekommendera att du testar olika övningar/maskiner. Lär dig alltså först tekniken så att du får in rätt form, sedan så kan du börja lägga på vikt. Man kan också boka in olika träningspass på gymmet där du kan ha med dig en personlig tränare. Då får du chansen att lära dig allt på rätt sätt från början och kan få hjälp och peppning. Kom också ihåg att alla på gymmet har någon gång varit nybörjare, och jämför dig därför inte med någon annan på gymmet utan ta allting i din takt. Det är viktigt att vila musklerna och återhämta sig mellan passen. Du ska inte heller träna samma muskelgrupp allt för ofta utan variera. Det är lagom att träna en muskelgrupp 2 eller max 3 gånger i veckan, inte mer. Om du vill bygga muskler så är det också viktigt att äta mycket mat och ordentliga måltider.

Om du är sjuk och vill ha några tips på hur du snabbt kan bli frisk kommer nu några exempel.

Det är viktigt att vila mycket. Försök att ge kroppen extra mycket söm och vila när du är sjuk eftersom det är när du sover som kroppen återhämtar sig som mest.

Det är också bra att dricka mycket vätska. Vätskan hjälper nämligen till att lösa upp slem och hjälper kroppen att återhämta sig.

Fokusera också på att äta näringsrik mat som innehåller mycket frukt, grönsaker och fullkorn. Detta ger kroppen bra ämnen för att den ska kunna bekämpa infektionen snabbare. Exempel på mat som innehåller c-vitamin är apelsin, bär, broccoli, kiwi och grapefrukt.

Man kan även testa att använda sig av olika huskurer för att bli frisk snabbare. Några av sakerna som sägs hjälpa mot förkylning är honung, ingefära, citron, vitlök och te.

När det kommer till sin hälsa och att må bra så finns det några faktorer som kan påverka detta. En sak som kan vara viktigt för en i livet är att ha mål att jobba mot för att känna att man är på väg någonstans. Har man 3 av dessa saker så finns det goda förutsättningar för att må bättre. För att man som person ska må bättre så kan det hjälpa att vara mer optimistisk och tänka mer positivt. En optimistisk person är en person som inte ser några hinder utan fokuserar på möjligheterna. En annan grej som man kan göra är att le och skratta mer. Har man en dag då man känner sig nere så kan man försöka tänka på att göra dessa grejer som nämnts ovan. Om man fortfarande känner sig nere så kan man försöka umgås med sina nära och kära, samt prata ut om vad som tros göra att man mår dåligt. Då kan folk runtomkring en hjälpa och komma med egna tips på vad som kan hjälpa.

När det kommer till rutiner som du kan ha i vardagen för att må bättre så är första saken du kan göra direkt när du vaknar är att bädda sängen. Detta gör att du redan på morgonen gjort en uppgift, och det kan kännas fräschare att gå och lägga sig i en bäddad säng än en säng som inte är bäddad.

Du kan också tänka på att alltid försöka ha rummet hyfsat städat och välskött då stökigt rum ofta kan kännas jobbigt. När du har städat rum så vet du också oftast vart du har alla grejer till skillnad från om ditt rum är stökigt och i oordning.

Ett annat tips som är bra i vardagen är att göra To Do Lists. Man kan göra detta för varje dag eller veckovis. Då kan man skriva ner olika saker som man vill hinna med under dagen eller veckan och sedan stryka över det man gjort. Om du lider mycket av stress eller ångest så kan detta vara bra för att dämpa ångesten eller stressen. Om man har mycket i skolan så kan detta ofta bli ett stressmoment. Att därför ha allt man ska göra nedskrivet kan underlätta. Detta eftersom man då kan gå in och läsa vad man ska hinna med i veckan, i stället för att gå runt och tänka på det och vara rädd för att man ska glömma bort viktiga prov eller annat.

Hår tips

Ibland så kan det vara svårt att hitta frisyrer att ha till skolan eller vid festliga tillfällen så vi kommer nu att berätta om lite olika frisyrer som man kan ha som långhårig.

En inbakad fläta eventuellt två inbakade flätor är vårt första tips. Detta passar till festliga tillfällen men också till vardags. Om du tycker det är svårt att göra inbakade flätor så kan du göra en helt vanlig fläta eller två.

Man kan också sätta upp håret i en bulle och ha till vardags. Då kan man göra en rufsig bulle och sätta upp håret lite slarvigt. Man kan också till festliga tillfällen ha en finare bulle.

En hög tofs med ”bubblor” innebär att man gör en vanlig tofs, för att sedan sätta i små gummisnoddar i tofsen med jämna mellanrum. När man sedan satt ut alla ”bubblor” kan man dra ut dem och göra dem så stora man vill sedan avslutar man med en tofs längst ner.

Man kan ha en klämma uppsatt med halva håret, vill man ha det lite mer festligt kan man även locka håret nertill.

Har du smutsigt hår kan du tillexempel använda dig av ett diadem för att dölja om håret är lite flottigt, detta är ett väldigt enkelt men snyggt sätt att få till en fin frisyr även om håret känns smutsigt. Vill man inte ha diadem men dölja flottigt hår kan man göra en tofs, sedan en fläta för att sedan avsluta med en tofs på slutet av flätan.

Man kan också bara göra en helt vanlig tofs men locka till håret så det är lockigt nertill och om du vill kan du även ta ut lite lugg vid ansiktet om du har lugg.

När vi ändå pratar om hår så är vårt nästa tips om håret och hur du får det så hälsosamt som möjligt.

Tvätta ditt hår när det passar bäst för dig själv och ditt hår, vi rekommenderar dock att tvätta det 2–3 gånger i veckan. Att ha inpackning i håret lite då och då kanske två gånger i veckan är ett bra tips för att få ett hälsosammare hår. Mixa schampo och balsamserie för att få den perfekta kombinationen för ditt hår. Använd en leave in cream eller en olja efter att du har duschat.

Försök också att minska användningen av värme på ditt hår eftersom det inte är så bra att utsätta håret för värme varje dag. Om du ska använda värme på håret så glöm aldrig att ha värmeskydd i håret först.

Det kan vara bra att ha en träpiggsborste till håret eftersom detta brukar vara bättre för håret än en vanlig hårborste. Ett annat tips är att tvätta din hårborste någon gång i månaden eftersom det hamnar oftast mycket smuts i hårborsten. Då kan man fylla upp en skål med ljummet vatten och schampo. Försök få bort håret ifrån borsten innan du lägger ned den i vattnet. Sedan låter man hårborsten ligga i vattnet med piggarna nedåt ett tag. Sedan tar man upp hårborsten och sköljer av den liten och tar tops mellan piggarna.

Film och serietips

Nästa tips handlar om filmer och serier som man kan titta på. Vi kommer ta upp inom kategorierna skräck, komedier/drama och action bland annat.

Skräck: Scream, detta finns både som serie och film. Filmerna är uppdelade i 6 olika delar. Serien Scream har tre säsonger där det handlar om en mördare som går lös i området där några ungdomar bor. De ska tillsammans ta reda på vem mördaren är, den är väldigt bra och rekommenderas starkt om man gillar både skräck och mysterium. Scream filmerna är samma koncept som serien fast jag skulle rekommendera serien mer då man får lära känna alla karaktärer på ett annat sätt.

Drama: Meangirls- en film som handlar om en tjej (Cady Heron) som börjar en ny klass. Hon börjar umgås med en grupp tjejer och inser vad hon behöver göra för att passa in. Ju mer populär hon blir desto mer börjar hon glömma bort vem hon egentligen är. Detta är en bra film som passar ungdomar och är mest riktad åt tjejer och deras vardagliga problem.

Mysterier: One of us is lying (En av oss ljuger) detta är både en dramaserie och en serie med mycket spänning. Det handlar om en ungdom som avlidit under en kvarsittning. De fyra elever som var där blir anklagade för mordet och man ska under seriens gång ta reda på vem mördaren är. Samtidigt så är det ett hemligt konto som skickar meddelanden anonymt till dem, bland annat hot. De måste också ta reda på vem det är som har detta hemliga konto.

Action: Mission Impossible, finns I 7 filmer (ska komma en 8 film). Filmerna handlar om att huvudpersonen Ethan ska försöka slutföra olika uppdrag under en viss tid för att sedan få en belöning. I varje film är det ett nytt uppdrag att lösa så filmerna behöver inte ses i ordning. Det rekommenderas dock att se dem i ordning då man i dem första filmerna får reda på vem huvudpersonen är.

The Meg är en film som handlar om några personer försöker ta fram Megalodons som man påstår fanns för jättelänge sedan genom ett forskningsprojekt. Det dem inte vet är att det flyter omkring en Megalodon i havet runt deras forskningsbassäng. Detta är en spännande film som passar både vuxna som barn. Finns som fortsättning

Taken filmserierna: (Finns i 3 filmer) Detta handlar i första filmen om en dotter som blir till fångataken i Paris. Det visar sig att pappan är en hemlig spion och gör allt i sin makt för att hitta sin dotter.

Serier: Gossip Girl- Är en drama och romantik-serie som handlar om ett gäng tjejer och killar där det sprids massa rykten och skvaller om vad dem olika personerna gjort för något. Varje avsnitt handlar om en ny grej som hänt och man får sedan följa dem olika karaktärerna in i deras liv. Serien finns i 6 säsonger.

Break point- Serie som passar dem som är tennisintresserade. I serien får man följa olika tennisspelare där dem berättar om olika situationer på plan, förberedelser inför match, hur dem växt upp. Varje avsnitt handlar om en ny spelare som har en ny historia att berätta om.

Boktips

Boktips är nästa tips och detta kan vara bra för de som vill börja läsa men inte vet vad för böcker. Vi kommer att ge tips i kategorierna romantik, spänning, drama, skräck och fantasy.

Warriors

Spännande och bra bok som passar åldrarna 9–12 men går att läsa om man är äldre än så. Boken ”Warriors” handlar om en grupp katter som lever i en vild värld där de är in delade i olika klaner. Böckerna följer deras liv, strider och relationer, samt deras kamp för överlevnad och att skydda territorier. Warriors innehåller åtta sviter (serier) där varje svit innehåller 6 böcker. I nuläget finns det 21 översätta böcker till svenska och rastrerande är på engelska.

Finns även böckerna Survivers som är liknande böcker fast de handlar om Hundar. Böckerna finns i 2 serier (The Original Series) och (The Gathering Darkness) med 6 böcker i varje serie.

The summer I Turn pretty

Passar åldrarna 12–15 år men går utmärkt att läsa om man är äldre än så. Handlar om en tjej och 2 killar, varav killarna är bröder. Killarnas familj äger ett sommarhus där dem bjuder in folk för att umgås. Tjejen och killarna börjar umgås mer och mer och ett och annat drama. Filmen passar dig som tycker om att läsa romantik och drama och finns även som serie.

Hagforsserien

Passar åldrarna 16 år och uppåt. Handlar om ett gäng poliser som försöker lösa olika mord. Varje bok handlar om ett nytt mord. I boken får du följa med under olika dagar där dem försöker utreda mordet och även följa med på karaktärernas liv. Böckerna är inom genren kriminalroman och passar dig som gillar spännande och verklighetsbaserade böcker. Böckerna är en bokserie som finns i 7 delar.

Gömda

Finns som bokserie med 4 böcker. Böckerna är skrivna på en sann historia och passar dig som gillar att läsa självbiografi blandat med lite spänning. Första boken handlar om en kvinna och en man som får ett barn ihop, där pappan sedan förstör för mamman genom att exempelvis våldta henne. Man får sedan följa med i rastrerande böcker hur deras liv fortsätter, när kvinnan försöker fly livet från mannen hon blivit våldtagen av. Sista boken handlar om hur deras barn sett hela händelsen.

Pax

Finns som bokserie med 10 böcker. Handlar om Alrik och Viggo som bor i Mariefred. Dem ska sedan försöka skydda Mariefred från olika magiska väsen och andra övernaturliga fenomen. Böckerna är i genren fantasy och passar dig som är mellan 9–12 år men det går lite bra att läsa dem om man är äldre än så.

Tips på vad du kan göra vid de olika årstiderna

Vår nästa kategori handlar om saker du kan göra på dem olika årstiderna. Det första tipset är vad du kan göra på vintern.

Vintern är ofta en lång och mörk tid för många vilket gör att många mår dåligt. Därför har vi skrivit ner ett antal tips på saker du kan hitta på vintern.

Du kan baka julfika eller julgodis och ha på julmusik i bakgrunden. Du kan också åka till jul på Liseberg där du exempelvis kan åka skridskor, eller gå på olika julmarknader innan jul. Du kan gå på mysiga vinterpromenader, själv eller med någon. Du kan även göra olika små snölyktor i snön och sedan sätta dit ett ljus i och tända. Du kan åka till något mysigt ställe för att grilla exempelvis korv eller marshmallows med familjen eller släkten. Du kan kolla på mysiga julfilmer så som Grinchen, ensam hemma, the Christmas Chronicles, Polarexpressen eller the Holiday.

Vårt nästa tips är saker du kan hitta på hösten.

Det finns mycket att hitta på för att romantisera hösten. Är det tillexempel en fin höstdag kan du gå en mysig promenad och lyssna på musik eller en bra podd. Du kan även kolla på någon mysig serie och dricka något varmt, plugga på café, laga middag med dina vänner, dekorera pumpor tillsammans med dina vänner eller din familj, gå på halloween på Liseberg, är du lite yngre kan du gå bus eller godis med dina vänner eller så kan du och dina vänner träffas för att kolla skräckfilm tillsammans och äta något gott halloweeninspirerat till.

Nästa tips är till vad du kan hitta på under våren/sommaren

Då våren och sommaren lite hänger ihop har vi valt att skriva våren och sommaren i samma tips

På våren kan du exempelvis gå på en vårpromenad och plocka blommor och sedan ge det till sin farmor eller mormor exempelvis. På sommaren finns det massa aktiviteter du kan hitta på. Är det en varm sommardag så kan man åka och bada/sola med sina kompisar.

Du kan även åka med dina vänner till en fin strand, spela minigolf, spela kubb, volleyboll eller badminton. Åka till någons landställe, åka båt, fiska kräftor/krabbor. Du kan också gå på olika festivaler samt åka/gå/cykla till någon fin utsiktsplats.

Nästa tips är olika lekar och aktiviteter du kan göra med dina vänner på midsommar. En aktivitet som du kan göra med dina vänner/din familj på midsommar är femkamp. Ni kan tillexempel göra så att varje person som ska vara med har hand om en gren. Ni kan sedan välja om personen ska vara med på sin egen gren eller inte. När alla haft sina grenar är femkampen slut då räknar man ihop poängen och dem som har mest poäng har vunnit.

Olika förslag till femkampen kan vara bland annat Hoppa säck. Hoppa säck går till som så att alla som ska delta behöver en sopsäck var att hoppa i. Sedan kan ni göra upp en bana, där det gäller att ta sig runt med sopsäcken och den som är först tillbaka till start har vunnit.

What´s in the box- Ni behöver en låda/kartong med ett hål i för att sticka i handen. Sedan ska varje person turas om att känna på olika föremål och sedan gissa vad det är i boxen. Den personen med mest rätt på vad som är inuti boxen har vunnit grenen.

Skeden i munnen- Ni gör upp en bana i tillexempel trädgården där varje person ska gå runt banan med en sked i munnen och ett föremål på skeden som inte får ramla av. Tappar man föremålet på skeden får man börja om. Den personen som kommit utan att tappa föremålet eller den personen som var snabbast har vunnit grenen.

Irländsk julafton-Ni delar in er i 2 lag. Sedan behöver ni något att kunna luta er mot till varje lag. Ni ska sedan en från varje lag springa fram till föremålet och snurra 10 varje för att sedan springa tillbaka igen där det är nästa persons tur.

När varje person har kört sätter man sig ner och det lag som blir klar först har vunnit grenen.

Godissnöre-race, Varje person får ett godissnöre att sätta i munnen sedan startas tiden då ska man försöka äta upp snöret så snabbt som möjligt utan att använda händerna, tappar man snöret får man börja om. Den personen som snabbast ätit upp hela godissnöret har vunnit grenen.

Musikquiz-Den personen som väljer att ha hand om grenen väljer ett antal låtar att spela upp. Dem andra som sedan ska delta ska på ett papper numrerat till så många låtar man väljer att spela försöka gissa vem det är som sjunger låten och vad låten heter. När alla låtar har spelats räknar man ihop alla poäng. Kan man både artisten och låten får man 2 poäng, kan man bara artisten får man 1 poäng. Den personen som sedan har mest poäng vinner grenen.

Tips vid ångest

Då det är många som idag lider av ångest och mår dåligt har vi valt att ta med några tips som handlar om ångest/stress.

Har man ångest så kan det hjälpa att göra något som man tycker om. Det kan till exempel vara att umgås med sina vänner, träna, eller måla. Om du exempelvis är stressad över skolan kan det vara bra att ta en sak i taget och planera upp veckan med alla prov du har. Detta gör att du får en bättre överblick över alla prov/inlämningar du har och du kommer därför att kunna känna dig mer lugn. Om du mår dåligt över skolan och tycker det är jobbigt att vara där kan det vara bra att prata med någon du litar på. Det kan vara allt från en vän till en kurator. Förhoppningsvis så kommer personen som du väljer att vända dig till att kunna vara ett stöd för dig och stötta dig i det beslut som du väljer att ta. Om du exempelvis skulle vilja byta klass eller skola.

Tips på saker du kan hitta på ensam

Nästa tips hänger ihop lite med några av de tipsen som vi redan tagit upp. Det är alltså tips på saker du kan hitta på ensam. Många kanske någon gång har känt känslan av ensamhet, att man inte har någon att hitta på något med eller så kanske man bara behöver ha lite egen tid med sig själv.

Om det är sommar/vår kan du ha en ensam picknic på stranden. Man kan gå en promenad och lyssna på musik eller någon podd. Man kan baka eller laga mat. Man kan också ha en egen spakväll. Du kan åka till gymmet och träna eller gå ut och springa eller städa och rensa ut saker i ditt rum. Är det tråkigt väder ute kan du tillexempel ha serie/filmarathon. Du kan läsa någon bok eller lyssna på en bok på tex Bookbeat. Om man skulle vara intresserad av att virka/sticka så kan man testa på det, även sy något kan man också göra. Man kan tex sy något som man sedan kan ge bort till någon i present. Om det är halloween/vinter/påsk så kan man sy något som har med det att göra. En grej som går att göra själv är att testa en ny hobby och försöka bli bra på den. Detta kan vara allt från någon sport till att måla, fiska osv.

Tips på aktiviteter som du kan hitta på i bilen

Många barn brukar tycka att det är mindre kul att åka bil långt. Vi har därför tagit fram några tips på vad du och ditt/dina barn kan hitta på i bilen.

En kul lek man kan göra i bilen som funkar för hela familjen är bilbingo. Detta går till som så att man gör ett eget bingo hemma med så många rutor man vill ha. Sedan kan man antingen skriva på rutorna eller för mindre barn kan man göra bilder. Om det tillexempel finns en gul bil i en ruta och någon har sätt en gul bil så ska man kryssa i rutan. När någon person har fått fyra i rad så har den fått bingo. Har en person fått bingo kan man fortsätta med bingon tills alla fått bingo och vill man ha det lite svårare kan man köra att man ska försöka få alla rutor kryssade. Bilbingo går att göra lite olika. Tillexempel så kan man göra så att alla har samma motiv på alla rutorna och dem som ser motivet först skriker bingo. Eller så gör man på det andra sättet, dvs att alla har olika motiv på rutorna och man ska då försöka hitta sina egna föremål.

Namnleken: Till detta behövs inget material utan detta går ut på att en börjar säga ett namn sedan säger nästa ett namn på den bokstaven som det första namnet slutade på. Detta går sedan ut på att komma på så många namn som möjligt, den sista som inte kan ett namn har förlorat.

Vem tänker jag på? En person ska tänka på en person, kan vara en kändis eller någon som man känner. Sedan ska de övriga personerna försöka gissa vem det är personen tänker på genom att bara ställa ja/nej frågor. Den som först lyckas komma på vem det är personen tänker på har vunnit.

Man kan även göra ett eget musikquiz att köra i bilen. Detta kan man tillexempel köra när man ska åka bil med familjen.

Det finns även olika frågesportspel du kan köpa på exempelvis Lagerhaus som du kan köra med din familj eller dina vänner när ni åker bil tillsammans.

En till grej som funkar för hela familjen i bilen är att sätta på en ljudbok alla kan lyssna på.

Efter studenten tips

Nästa tips är saker du kan hitta på efter studenten om du inte känner för att plugga och vill göra något annat. Du kan exempelvis göra lumpen vilket alltid är ett bra alternativ. Detta eftersom man får lära sig allt om militärlivet samtidigt som man kan träffa vänner för livet. Man lär sig också väldigt mycket under tiden som man gör lumpen.

Man kan åka till ett helt nytt land och lära sig språket och under tiden jobba. Det finns flera olika organisationer som man kan åka med tex EF. Om man är inne på spåret att lämna Sverige och bo utomlands ett tag så finns det möjligheter som att åka till Australien eller USA för att jobba som Aupair. Om man känner att man helst vill vara i Sverige så finns även detta i Sverige.

Ett annat tips är det som kallas för att ”Säsonga”. Detta kan man antingen göra i fjällen/alperna eller utomlands som exempelvis reseledare hos Ving/Tui. Eller så kan man jobba tillsammans med Lollo och Bernie.

Du kan även backpacka i olika länder för att se och upptäcka nya platser. Då får man möjlighet att upptäcka helt nya platser och skaffa sig en massa erfarenheter kring att resa. Man får också chansen att träffa massa nya människor och kanske till och med nya kompisar.

Att skapa något kreativt utifrån det du är bra på och det som intresserar dig kan också vara något litet att göra efter studenten. Sociala medier kan vara ett exempel, eller så kan du gå kurser i det som intresserar dig finns bland annat kurser i matlagning och målning.

Tips på länder du kan åka till och vad du kan göra i dessa länder

Grekland (Kreta) – Man kan åka till en massa fina stränder tex Elafonisi. Det speciella med Elafonisi är att vattnet där är att vattnet är väldigt ljusblått/turkost som om man är vid en paradisö exempelvis maldiverna. Även stranden är väldigt vit och fin. För att ta sig dit behöver man åka en krokig väg genom bergen. Detta är viktigt att ha i åtanke när man ska ta sig dit då det är väldigt brant på vissa ställen utan några staket alls. På vägen var det även vissa "gravar" där det stod vila i frid, där var det antagligen folk som kört ihjäl sig på vägen till stranden. Vill man ha en bra plats på stranden rekommenderas det att man kommer dit tidigt då det snabbt kan bli fullt på stranden.

Spanien (Barcelona)-Det finns en hel del grejer att hitta på i Barcelona. Det finns tillexempel en känd kyrka du kan åka till-Sagrada Familja. För dem lite mer idrottintresserande kan man besöka Fc Barcelonas arena för att kolla fotboll och även åka för att kolla tennis. Det finns väldigt fina stränder i Barcelona att bada vid. I staden finns det även hopp on hopp off bussar som man kan hoppa av och på lite som man vill. Dessa bussar stannar på det kändaste sevärdheterna. Ett exempel på ett sådant stopp är Park Güell som är en känd park konstnären Gaudí skapat och designat.

Teneriffa-Är en fin ö med fina stränder och mycket berg. Speciellt känd för vulkanen Teide som finns mitt på ön, vilket också är den tredje största i världen. Många väljer att besöka vulkanen eftersom utsikten därifrån är väldigt fin, därifrån kan man se ut över de andra kanarieöarna la Gomera och gran Canaria. För att ta sig dit kan man antingen ta bil eller buss för att sedan ta linbanan sista biten om man inte väljer att vandra upp. Vattnet runt Teneriffa ligger även väldigt bra till för att kunna se vilda delfiner och valar. Störst chans för att kunna se valar är mellan november och februari medan delfiner kan man se året runt.

Spanien (Mallorca) – För de tennisintresserade så kan man åka till Manacor. Man kan även åka till Porto Christo, detta är ett mysigt ställe där man kan gå runt och kolla i små affärer och utsikter. Man kan besöka huvudstaden ”Palma de Mallorca” för att exempelvis kolla i butiker eller äta på någon god restaurang. Dit kan man enklast ta sig med buss eller taxi om man inte redan bor där.

Skol och körkortstips

Vårt nästa tips är skoltips, här är därför några av våra bättre tips till skolan.

Ett starkt tips inför skolan är att anteckna under lektionen så man på så sätt kommer ihåg bättre. När det kommer till att plugga inför prov så kan du be dina vänner eller någon i din familj att förhöra dig på exempelvis instuderingsfrågor. På så sätt lär du dig vilka frågor som du behöver plugga mer på. Om du inte vill bli förhörd av någon annan så går det även bra att förhöra dig själv genom att skriva ner svaren på ett block eller dator.

Om du inte förstår vad läraren menar så ska du alltid fråga om hjälp, detta kan du göra antingen under lektionen men också efter. Du kan använda dig av stödtiderna genom att be om hjälp och plugga där. Detta sparar dig väldigt mycket tid.

Ett till tips är till dig som tycker att skolan är jobbig. Det kan hjälpa att ha små saker att se fram emot tillexempel plugga på något café efter skolan eller hitta på något kul på helgerna. Gymnasiet avgör inte hela din framtid, känner du tillexempel att du fått för dåliga betyg för att komma in på den utbildning du vill gå på universitetet så är inte det hela världen. Det går att läsa upp betygen efter gymnasiet och exempelvis gå ett basår om man inte har behörighet till det man vill läsa på universitetet.

Nu ska vi ta upp några tips till dig som ska ta körkort. Det som är bland det viktigaste för att klara teorin är att plugga i tid. Då det är så pass mycket att kunna inom teorin är det viktigt att börja plugga i tid för att du ska hinna lära dig allt viktigt inför teoriprovet. Inför teorin kan det vara bra att läsa igenom boken du fått från din trafikskola för att få grunderna där står även allt det viktigaste. När det sedan börjar närma sig provet kan du göra dem slutproven som finns på hemsidan du fått från din trafikskola. Genom detta sätt så ser du hur bra koll du har på de olika områdena. Du får även en bättre uppfattning om hur provet är uppbyggt då frågorna ofta liknar dem som finns på det riktiga provet. Du kan även följa körprov på instagram då får du dagliga tips om hur du ska lyckas med din teori och din uppkörning. Sedan kan du även lyssna på deras podd. Då kan du tillexempel lyssna på den och få tips samtidigt som exempelvis du åker till skolan eller tränar. Innan teoriprovet kan det vara bra att försöka få minst 58 rätt av 65 på dem slutproven man gör då eftersom man ofta får mycket mindre på det riktiga provet.

Inför uppkörningen är det viktigt att försöka att inte stressa upp sig för mycket inför uppkörningen. Det kommer bara göra dig mer nervös vilket kan göra att det går sämre på uppkörningen. Det du i stället vill göra är att ta det lugnt och fokusera på det som du lärt dig både hemma och på din trafikskola. På själva uppkörningen behöver du fokusera i ungefär 30 min där du ska visa upp allting du lärt dig därför är det viktigt att du känner dig pigg när du ska köra. Om du kört upp några gånger och inte blivit godkänd, så kan det hjälpa att tillexempel ha med sig sin körskollärare. Skulle du då kugga kan förarprövaren förklara vad som gick snett och vad som behöver övas mer på. Om trafikläraren då vet om vad som gick snett så kan han eller hon få en tydligare bild på vad du som person behöver mer hjälp med.

Tips på hur du kan få ihop extra pengar

Om du vill få ihop lite extra pengar så kommer nu några tips för dig. Man kan exempelvis sälja de saker som man inte behöver eller använder i stället för att skänka dem eller slänga. Då kan man sälja via exempelvis Vinted, Tradera eller

Plick. Då skapar man ett konto och tar bilder på de du vill sälja och lägger ut. Exempel på vad man kan sälja är kläder, möbler, glas, inredningsprodukter och skor. Om man inte vill skapa konton eller orkar lägga energi på det så kan man skicka det man vill sälja till Sellpy, så tar de hand om det som ska säljas. Du får dock bara en viss summa utav pengarna på det som du säljer eftersom de sköter beställningar osv. Man kan annars välja att lämna in sina saker till fysiska second hand butiker men det fungerar likadant där, att du får en viss summa av det som du säljer.

Ett annat exempel på något du kan göra för att tjäna lite extra pengar är att du kan fråga någon som du känner om du exempelvis kan vara barnvakt eller ta hand om deras hund/gå ut med hunden. Biltvätt/Tvätta någon annans bil kan man också göra. För de som är lite yngre är ett tips att sälja exempelvis jultidningar eller WWF som man brukar få hem via brevlådan. Är du duktig på att måla tavlor eller liknande kan du göra en försäljning på det.

Flytta hemifrån tips

Ska du flytta hemifrån för första gången? Då är detta några tips för dig. När det kommer till ekonomi så är det bra att tänka på att inte köpa onödiga grejer. Exempelvis så kan man undvika att shoppa onödigt mycket kläder och inte heller köpa för mycket ute mat/äta på restaurang. Det är viktigt att tänka på att hyra, el, mat, internet, och övriga kostnader kommer att kosta mycket för dig.

När det kommer till inredning och möbler så är ett tips att köpa second hand, då det oftast är mycket billigare. Det är viktigt att du hittar en lämplig bostad. Tänk utifrån dig själv bland annat hur stor lägenhet du vill ha. Detta eftersom det kommer bli dyrare med bland annat hyra ju större lägenhet du har. Priset beror också på vart din lägenhet är placerad, om den ligger centralt kostar den oftast mer. Inför flytten kan det också vara bra att rensa ut saker som du inte behöver eftersom detta kan göra flytten enklare. Det är också viktigt att tänka på att börja packa i god tid inför flytten så att den inte blir någon sista minuten packning. När du ska packa så är det bra att märka dina flyttkartonger tydligt så att du har koll på vad som är vad och vart de ska.

Inredningstips

När vi ändå är inne på detta ämne så tänka vi berätta om lite inredningstips. Man kan bland annat tänka på att mixa material och texturer. Ett vanligt misstag som många gör är nämligen att man inreder sitt vardagsrum så att det blir lite showroom-känsla i rummet. Detta kan uppstå om det finns för mycket i rummet av samma material eller om det kommer från samma butik eller kollektion. Undvik denna känsla genom att våga mixa olika tyg och former i rummet, detta gör rummet mer levande.

Andra tipset är att placera en mjuk fluffig matta under soffan eftersom det ger ett mjukt oh trivsamt intryck till vardagsrummet.

Tredje tipset är att skapa som en mysig osas i vardagsrummet genom att se till att det finns ordentligt med sittplatser. När man lägger till fler sittplatser får man vardagsrummet att se mer inbjudande ut.

Fjärde tipset är att måla väggarna i vardags/sovrummet i mörka nyanser. Detta gör att man får en mycket mysigare känsla i rummet än om man bara har vita väggar. Vita väggar kan nämligen göra att det känns tomt och opersonligt i rummet.

Femte tipset är att våga lägga till lite färg eller mönster. Detta går enkelt att fixa genom att exempelvis lägga till tavlor, kuddar eller filtar som livar upp vardagsrummet. Eller kanske en färgglad sittpuff kan göra dunder för vardagsrummet.

Städtips

Lite städtips kan alltid vara bra att ha med sig, så det är vårt nästa område. Vi börjar med att ta upp lite tips hur du på bästa sätt kan städa din ugn. Vi kommer att ta upp två olika exemplen på hur du kan städa din ugn. Första sättet så ska du börja med att hälla upp 2 dl såpa och 1 dl vatten i en sprayflaska. Skaka sedan om och spraya hela ugnen. Ta sedan en ugnssäker form och fyll den med vatten i ugnen, och sätt sedan ugnen på 100 grader i 10 minuter. När det har gått 10 minuter så tar man en disksvamp och skrubbar rent i hela ugnen. Avsluta med att ta upp alla galler och diska dem för hand.

Det andra sättet är att du ska använda medlet MR muscle och aluminiumfolie. Spraya ut medlet i hela ugnen och täck medlet med folie. Aluminiumfolie gör att medlet verkar längre och gör det mer effektivt. Vänta 1–2 timmar innan du tar av aluminiumfolien. Avsluta med att torka av resterna som blir kvar med en trasa.

Nästa städtips handlar om hur du tar bort fläckar på ett enkelt sätt. Du blandar först 3 dl väteperoxid och 1–2 msk bikarbonat i en bunke. Häll sedan ned detta i en sprayflaska, skaka om och spraya på fläcken du vill få bort. Efter detta rekommenderar vi att man väntar en liten stund så att medlet hinner verka på fläcken. Avslutar sedan med att skrubba bort fläckarna med en trasa. Gör samma sak om du vill få bort fläckar på ljusa/vita tyger men använd bara väteperoxid när du ska spraya eftersom det kan bleka tyget.

Om du vill rengöra dina skor behöver du en mirakelsvamp som du sprayar lite vatten på. Den skrubbar du hela skon med och torkar av med en blöt trasa.

Om du ska rengöra din kyl så är detta några tips på hur du kan göra. Börja med att tömma kylen på allt som finns i kylen. Kolla igenom om det är något som blivit gammalt så att du kan göra dig av med det som inte går att äta. Ta sedan ut alla lådor i kylen och diska igenom med vanligt diskmedel, låt det sedan torka. Efter detta så kan du börja rengöra hela kylen. Några produkter som funkar bra till detta är bland annat sinicleaning. Deras köksspray tillsammans med en supersvamp funkar bra. Du kan sedan torka av med en microfibertrasa för att torka av köksprayen. Sidohyllorna går också bra att ta bort och diska precis som lådorna. När hela kylen är ren och fräsch är det dags att organisera in alla matvaror igen. Till sist tar du en microfibertrasa och rengör utsidan av kylen med fönsterputs.

Säkerhetstips

Att ha säkerhetstips är alltid något som är bra att ha med sig och kan till och med i vissa fall rädda liv, så vi ska nu ta upp några viktiga tips för din säkerhet.

Om du får känslan av att någon förföljer dig så ska du absolut inte gå hem. Ett tips är att gå en massa andra vägar som inte leder dig hem. Du kan exempelvis gå runt ett kvarter något varv och om du fortfarande är förföljd efter det så bör du ringa efter hjälp. Om du är nära ett ställe som kan vara som ett säkert ställe tex en affär, kiosk eller restaurang så kan det vara till hjälp att gå in dit. På så sätt kan detta undvika att personen som förföljer dig angriper dig eftersom det alltid är någon mer där på dessa ställen som kan vara vittnen. Om du känner ett extremt obehag kan du be någon i affären, restaurangen eller kiosken om hjälp.

Det kan vara bra att skaffa larm att ha i hemmet och eventuellt övervakningskameror om man känner sig otrygg ofta. Detta gör att du har mer koll på allting som händer i huset och du märker om någon försöker göra inbrott i huset eftersom larmet ofta går att koppla till en app i mobilen.

Tips för att göra goda gärningar

Ett tips som många kan göra för att hjälpa andra familjer lite extra vid jul är att skicka in julklappar eller swisha en valfri summa till organisationer som hjälper barn som inte får några julklappar eller familjer som har det svårt. Det finns många familjer som har det svårt ekonomiskt, därför är detta en jättebra sak att göra till julen. Alla förtjänar en bra jul. Exempel på organisationer är frälsningsarmén och giving people.

För de som är ensamma och inte har någon familj eller några vänner att fira med finns det också organisationer som anordnar ett ställe där man kan träffa andra, umgås och äta julmat. Detta för att ingen ska behöva vara ensam under julen.

Recept

Vi tänkte avsluta boken men några speciella recept som vi kan rekommendera. Bland annat så kommer dessa recept från familjemedlemmar.

Vitlökssås

Blanda yoghurt, vitlök och riven parmesan i en skål. Tillsätt sedan peppar och salt och krydda så mycket du vill. Detta är en god sås som funkar till det mesta, tillexempel något gott kött eller fisk och potatis.

2 dl yoghurt (beroende på hur många det är som ska äta)

1 vitlöksklyfta

0,5 dl riven parmesan

Fisksås (Grundrecept)

3 msk smör

3 msk mjöl

1 fiskbuljongtärning

3 dl vatten

1 burk crèmefraiche

1 dl grädde

1 krm vitpeppar

2 krm salt

Smält smöret i en kastrull på låg värme. Vispa ner mjölet så det blir som en kräm i kastrullen och häll i vattnet. Smula sedan ner buljongtärningen och låt koka upp tills det blir tjockt. Rör ner crèmefraichen i blandningen och häll i så mycket av grädden så att det blir så tjockt som du önskar. Efter det häller du i vitpeppar och salt och låt det stå sjuda i 3–4 minuter. För att göra såsen lite lyxigare kan man exempelvis lägga i räkor. Det som är viktigt när man ska ha i räkor är att spadet som räkorna ligger i ska rinna av innan de hälls i. Räkorna ska bör hällas i mot slutet ungefär när det är 1 minut kvar eftersom de lätt kan bli gumaktiga annars.

Köttbullar

4 portioner

500 g köttfärs

3 krm salt

1 krm grovmalen eller fin svartpeppar

1 ägg

Sätt ugnen på 175 grader. Blanda ihop ägg, salt och peppar och rör om med en visp. Tillsätt köttfärsen undan för undan så att allting blandas runt ordentligt. Forma sedan dem till runda köttbullar och bryn dem i en stekpanna med lite smör. När dem fått lite färg ska de in ugnen i 6–8 minuter beroende på storlek. Genom att steka färdigt köttbullana i ugnen i stället för på stekpannan gör det att de blir mycket saftigare än om de bara skulle stekts på stekpannan.

Här kommer även en god brunsås att ha till köttbullarna:

3 msk smör

3 msk mjöl

3 dl vatten

2–3 msk kalvfond (beroende på hur smakstark du vill ha såsen)

2 krm salt

0,5–1 krm svartpeppar

1 dl grädde (beroende på hur tjock du vill ha den)

Smält smöret i en kastrull på låg värme. Vispa ner mjölet så att det blir krämigt och tillsätt vattnet, låt sedan sjuda på låg värme. Häll i kalvfonden efter hur mycket du vill att det ska smaka och tillsätt grädden. Tillsats häller du i salt och peppar.

Tips: Vill du ha en lite mustigare sås kan du hälla i oxfond i stället för kalvfonden. Detta passar bättre till kött än färs.

Tack till

Vi vill tacka alla som har kommit med tips och idéer till vår bok. Både till familjemedlemmar och till våra vänner.

Vi kommer i slutet lägga till lite rader där du kan skriva själv i boken.

Amanda och Isabelle